PALÁU
MÉTODO FOTOSILÁBICO

1.ª CARTILLA

PALÁU
MÉTODO FOTOSILÁBICO

Nombre: ....

Colegio: ....

El sistema **Paláu** es un método fotosilábico para la enseñanza de la lectura y la escritura que encaja perfectamente con el castellano, lengua típicamente silábica, lo que hace posible los sorprendentes resultados logrados por todos los educadores que lo utilizan tanto en España como en Iberoamérica.

El sistema Paláu ha demostrado su eficacia a lo largo del tiempo, siendo este su mejor aval. Su autor ha sido reconocido con la concesión de la Cruz de Alfonso X el Sabio por su contribución en el ámbito de la educación infantil. El método Paláu consta de cartillas y barajas. Para una correcta utilización, aconsejamos seguir estos pasos:

FASE 1:

1. Mostrar a los niños objetos de su entorno y decir sus nombres, dando simultáneamente tantas palmadas como sílabas tiene cada nombre. Ejemplo:
   ME-SA (2 palmadas)
   VEN-TA-NA (3 palmadas)

2. Los niños repetirán rítmicamente el nombre de cada objeto dando una palmada por cada golpe de voz o sílaba.

FASE 2:

Utilizando la baraja, mostrar a los niños los dibujos de cada naipe, no la grafía. Decir el nombre de cada dibujo dando una palmada por cada golpe de voz o sílaba que tenga el nombre correspondiente.

 E-LE-FAN-TE (4 palmadas)

 PO-LLI-TO (3 palmadas)

FASE 3:

A la vista de cada dibujo de la baraja, dar UNA SOLA PALMADA al mismo tiempo que decimos EL PRIMER GOLPE DE VOZ del nombre de cada dibujo.

 PA (1 palmada)

 LO (1 palmada)

De esta forma se presentarán todos los dibujos de la baraja por grupos de naipes. Los niños deben conocerlos todos antes de seguir adelante, diciendo, a la vista de cada dibujo, solamente la primera sílaba.

FASE 4:

1. Colocar juntos un grupo de naipes que exprese una PALABRA y leer el texto escrito con dibujos pronunciando por cada dibujo el sonido de su PRIMERA SÍLABA.

   Leer: PA-LO-MA

Colocar los naipes de la baraja para formar una FRASE, de modo que los grupos de naipes que forman cada palabra se hallen en contacto, dejando separadas unas palabras de otras. Por ejemplo: DA-ME LA PE-LO-TA.

2. Los niños leerán la frase escrita con los dibujos y explicarán su significado para asegurar su comprensión.
3. Dictar una palabra o una frase para que los niños formen con los dibujos de los naipes de su baraja la palabra o la frase en su mesa.

FASE 5:

Cada naipe de la baraja tiene en su reverso escrita la PRIMERA SÍLABA del nombre del dibujo correspondiente.

En esta fase pasaremos a presentar a los niños la grafía de dicha SÍLABA.

Viendo la sílaba escrita sin ver el dibujo, pronunciar el sonido y comprobarlo después con el dibujo.

Colocar los naipes de manera que queden en un bloque con las grafías hacia arriba y colocadas de frente al niño.

pa lo ma   Leer: PA-LO-MA

      Voltear y comprobar

Los niños leerán cada grafía y posteriormente le darán la vuelta y comprobarán con el dibujo.

Los naipes que se acierten se colocarán a la derecha, y los que se fallen, a la izquierda, para repetir con estos el estudio hasta que se aprendan todos. De esta forma se realiza un juego con el que se fomenta el autoaprendizaje.

FASE 6:

Formar PALABRAS y FRASES de las cartillas con la baraja, dejando a la vista las grafías, e ir volviendo sucesivamente los naipes para ir comprobando con los dibujos. Finalmente, se puede pasar al dictado, de modo que los niños formen con sus barajitas palabras y frases sobre la mesa sin ver los dibujos, para después comprobarlos ellos mismos (autocorrección).

Desde el principio y SIMULTÁNEAMENTE al uso de la baraja, comenzaremos el uso de la cartilla.

Cuando los niños conozcan un grupo de grafías de la baraja, iniciar la lectura correspondiente a dichas grafías en la cartilla.

La cartilla es un libro que los niños saben leer desde el primer momento en que lo usan.

La baraja la utilizaremos para el aprendizaje de la SÍLABA. La cartilla, para el aprendizaje de la PALABRA y de la FRASE.

La palabra se leerá mentalmente sílaba a sílaba, pero se pronunciará de una sola vez, sin silabeo.

TODO TIENE NOMBRE

Todos conocemos los nombres de las cosas que nos rodean.

Reconocer y nombrar estos dibujos.

1 a	2 e	3 i	4 o	5 u
6 ma	7 me	8 mi	9 mo	10 mu
11 ta	12 te	13 ti	14 to	15 tu
16 na	17 ne	18 ni	19 no	20 nu
21 pa	22 pe	23 pi	24 po	25 pu
26 la	27 le	28 li	29 lo	30 lu

Familiarizarse con los nombres de estos dibujos.

Hacer que los niños los repitan.

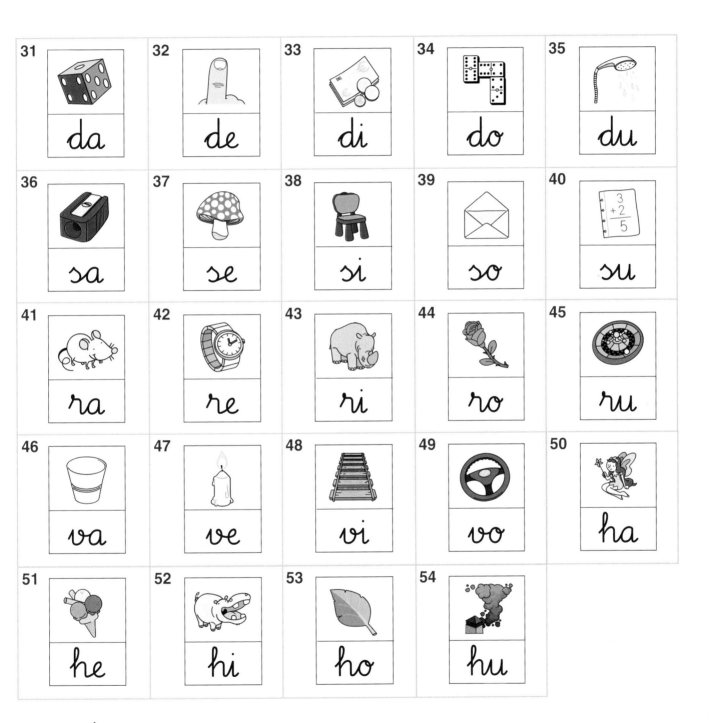

31 da	32 de	33 di	34 do	35 du
36 sa	37 se	38 si	39 so	40 su
41 ra	42 re	43 ri	44 ro	45 ru
46 va	47 ve	48 vi	49 vo	50 ha
51 he	52 hi	53 ho	54 hu	

ACLARACIÓN

1. araña; 2. elefante; 3. iglesia; 4. ojo; 5. uvas; 6. mano; 7. mesa; 8. minero; 9. mono; 10. muñeca; 11. taza; 12. tenedor; 13. tijera; 14. toro; 15. túnel; 16. naranja; 17. negro; 18. nido; 19. novia; 20. nubes; 21. pato; 22. pera; 23. piña; 24. pollito; 25. puño; 26. lápiz; 27. letras; 28. libro; 29. loro; 30. luna; 31. dado; 32. dedo; 33. dinero; 34. dominó; 35. ducha; 36. sacapuntas; 37. seta; 38. silla; 39. sobre; 40. suma; 41. rata; 42. reloj; 43. rinoceronte; 44. rosa; 45. ruleta; 46. vaso; 47. vela; 48. vía; 49. volante; 50. hada; 51. helado; 52. hipopótamo; 53. hoja; 54. humo.

LECTURA POR LA IMAGEN

Decir el nombre de cada dibujo.

Hacer lentamente dando tantos golpes de voz y palmadas como sílabas tiene.

Repetir con nombres de cosas que vemos en nuestro entorno.

Una voz y una palmada.

Dos voces y dos palmadas.

Tres voces y tres palmadas.

Cuatro voces y cuatro palmadas.

Cinco voces y cinco palmadas.

Pronunciar solamente la primera sílaba de cada nombre dando una palmada.

a

e

o

ma

pa

ni

li

ta

si

da

va

ra

9

a

e

Cada dibujo representa la primera sílaba de su nombre. Leer cada grafismo dando una palmada.

i

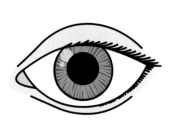

o

u

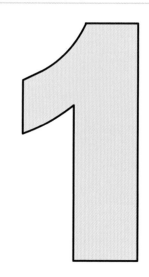

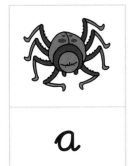			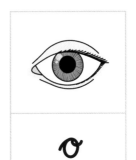	
a	*e*	*i*	*o*	*u*

u *i* *e* *a*

a *o*

a

e *i* *o* *e*

i

o

u

11

2

Cada dibujo representa la primera sílaba de su nombre. Leer cada grafismo dando una palmada.

ma

me

mi

mo

mu

ma   me   mi   mo   mu

Amo   a   mi   mamá.

Mi   mamá   me   ama.

Mamá   mima   a   Mimí.

Oí   a   mi   mamá.

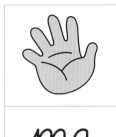				
ma	me	mi	mo	mu

			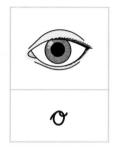	
a	e	i	o	u

o i

o i a   u a u

Mamá,   Mimí,   amo,

ama,   mío,   mía,

mimo,   mima.

a   e   i   o   u

Mamá.

Mi mamá me oía.

Mi mamá me mima.

Mi mamá me ama.

Amo a mi mamá.

Oí a mi mamá.

a   e   i   o   u

3

ta

te

Cada dibujo representa la primera sílaba de su nombre. Leer cada grafismo dando una palmada.

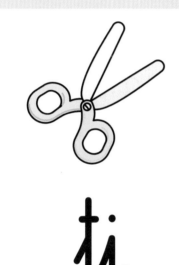

ti

to

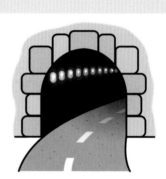

tu

		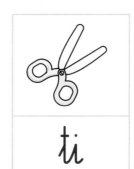		
ta	te	ti	to	tu

Mi   mamá   toma   té.

Mi   tío   tomó   tomate.

Mamá   teme   a   Titi.

Toma   mi   moto.

ta	te	ti	to	tu

a	e	i	o	u

ma	me	mi	mo	mu

Ata,   moto,   meto,   tío,

Mateo,   tata,   tía,   Titi,

tomo,   meta,   moto,

toma   tu   tomate.

18

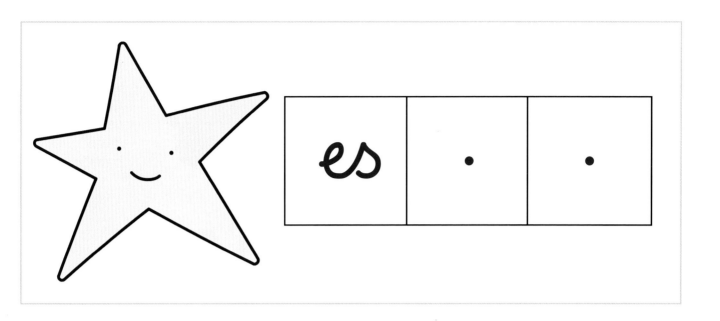

es · ·

Es mi mamá.

Este tomate es mío.

Esta es tu moto.

Mi tío es Mateo.

Es un   .

4

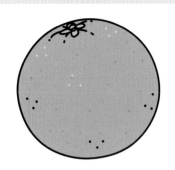

na

ne

Cada dibujo representa la primera sílaba de su nombre. Leer cada grafismo dando una palmada.

ni

no

nu

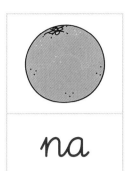    

| na | ne | ni | no | nu |

Anita, toma tu nene.

Ana tiene una nena.

  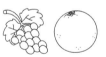 

Tino ata una mano.

Tu tía tiene una nieta.

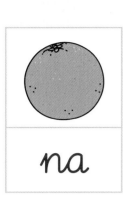				
na	ne	ni	no	nu
			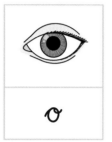	
a	e	i	o	u
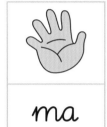				
ma	me	mi	mo	mu
		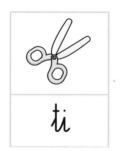		
ta	te	ti	to	tu

Nena, nene, enanito,

nieta, nota, nana,

mano, enana, enano.

Es un  .

Es un enanito.

Un nene, una nena.

Tiene un nieto.

Mi tío tiene moto.

Este es un enanito.

Nene.

23

5

pa

pe

Cada dibujo representa la primera sílaba de su nombre. Leer cada grafismo dando una palmada.

pi

po

pu

pa	pe	pi	po	pu

Papá tiene una pupa.

Toma tu patinete.

Pepito pita pi, pi, pi.

Ana peina a Pepita.

pa	pe	pi	po	pu
ma	me	mi	mo	mu
ta	te	ti	to	tu
na	ne	ni	no	nu

Mapa,   pato,   peine,

pupa,   papá,   Pepita,

tapete,   pino,   miope.

Mapa.

Es un mapa.

Este tiene un mapa.

Es mi papá.

Este es tu peine.

Un pato, un pino.

Cada dibujo representa la primera sílaba de su nombre. Leer cada grafismo dando una palmada.

la

le

li

lo

lu

la	le	li	lo	lu

Lola peina a Lolita.

Manolo toma la tila.

  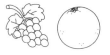 

Paula tiene una pelota.

Lolita tiene melena.

la	le	li	lo	lu
ta	te	ti	to	tu
na	ne	ni	no	nu
pa	pe	pi	po	pu

Luna, lana, pelo, ola,

paloma, molino, pala,

leona, melena, pelota.

Es la .

.... la ....

Esta es una pelota.

El papelito es mío.

La paloma está mala.

Papá no patina.

Es la .

da

de

di

do

du

			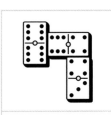	
da	de	di	do	du

Adela me dio la pala.

Me duele una mano.

Delia tiene tu dado.

Le di de la pomada.

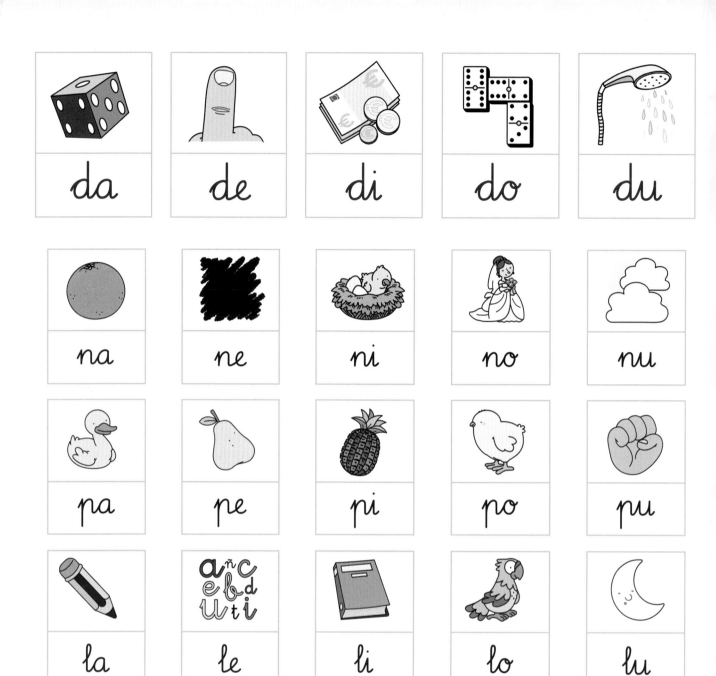

da	de	di	do	du
na	ne	ni	no	nu
pa	pe	pi	po	pu
la	le	li	lo	lu

Dado, dedo, día, de,

oído, dama, todo, da,

medida, duele, dalia.

Es de día.

Dame tu dado.

Le dio una moneda.

Todo esto es de papá.

Le duele un oído.

Dado.

sa

se

si

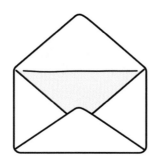

so

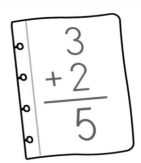

su

			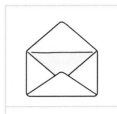	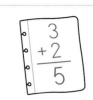
sa	se	si	so	su

Puso   sosa   la   sopa.

Susana   tose   demasiado.

Luisita   puso   la   mesa.

Ese   oso   pasa   solo.

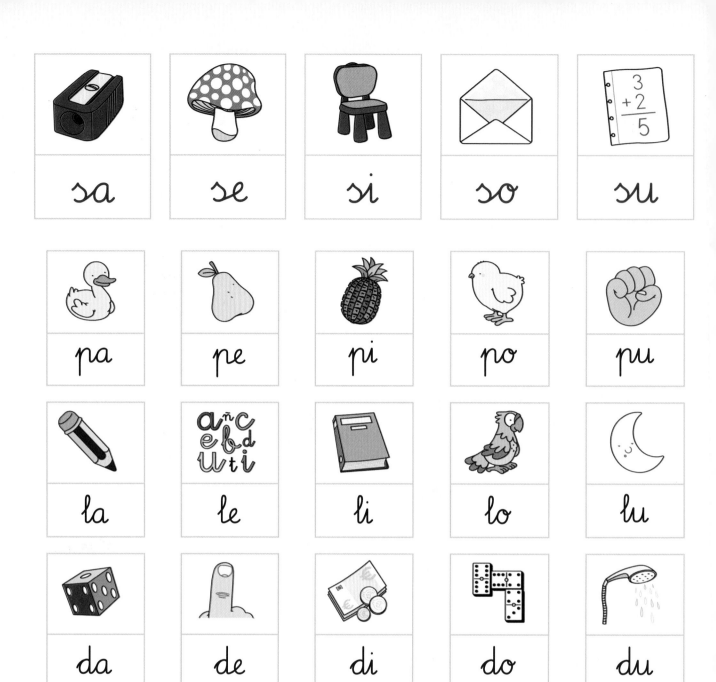

sa	se	si	so	su
pa	pe	pi	po	pu
la	le	li	lo	lu
da	de	di	do	du

Soso,   suena,   oso,   si,

suelo,   saluda,   aseado,

semana,   siete,   sapo.

Es un  .

Es el osito.

Es un osito aseado.

La sopa está sosa.

Sonia saluda a Elisa.

La pelota es lila.

La osita.

9

ra

re

ri

ro

ru

ra	re	ri	ro	ru

Tu perro se arrima.

Dame ese tarro roto.

La radio no suena.

Dame la ramita rota.

ra	re	ri	ro	ru
la	le	li	lo	lu
da	de	di	do	du
sa	se	si	so	su

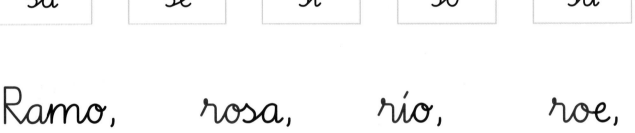

Ramo, rosa, río, roe, ruso, Rosita, reina, repite, rueda, ruido.

Es un  .

Es el perro.

Mi perrito es ese.

☆ Es el ruido de tu moto.

Tiene un radio roto.

El suelo es de tierra.

Perro.

va

ve

vi

vo

vu

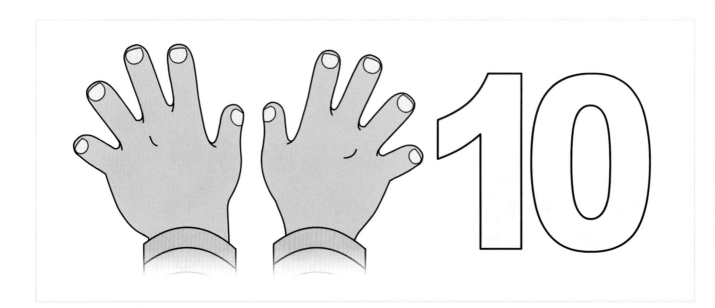

va	ve	vi	vo	vu

La   paloma   vuela.

La   novia   viene   sola.

La   vela   no   se   aviva.

Toma   la   vela   de   la   mesa.

va	ve	vi	vo	vu
da	de	di	do	du
sa	se	si	so	su
ra	re	ri	ro	ru

Vaso, vuela, uva, va,

pavo, nieve, avioneta,

nevada, vida, violeta.

46

Es un  .

Es el pavo.

Dame un vaso nuevo.

Violeta vive sola.

La avioneta vuela.

El suelo tiene nieve.

Veo una

. . . .

11

ha

he

hi

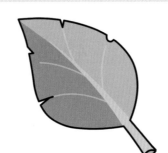

ho

hu

11

ha · he · hi · ho · hu

La ropa salió húmeda.

Ahí huele a moho.

Ese hierro se ha roto.

La sopa se ha ahumado.

ha	he	hi	ho	hu
sa	se	si	so	su
ra	re	ri	ro	ru
va	ve	vi	vo	vu

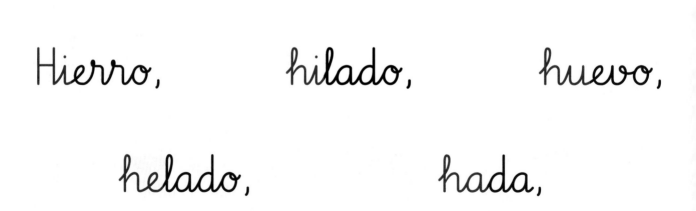

Hierro, hilado, huevo,

helado, hada,

humo, ahorro, hueso.

Es un  .

Es un ....

El hielo se ha roto.

La rueda de hierro.

Es un helado de uva.

Esta rosa no huele.

Sale humo.

12

a	e	i	o	u
A	E	I	O	U

13

ma	me	mi	mo	mu

Ma   Me   Mi   Mo   Mu

Mi mamá me oía.

Mi mamá me mima.

Mi mamá me ama.

Amo a mi mamá.

Oí a mi mamá.

Mamá mima a Mimí.

Mamá.

14

ta	te	ti	to	tu
Ta	Te	Ti	To	Tu

Este tomate es mío.

Esta es tu moto.

Mi tío es Mateo.

Toma tu té, Timoteo.

Tito, toma tu moto.

Maite, toma tu tomate.

Es un toro.

15

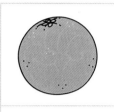				
na	ne	ni	no	nu
Na	Ne	Ni	No	Nu

Un nene, una nena.

Tiene un nieto.

Mi tío tiene una moto.

Este es un enanito.

Anita tiene una mina.

Nati no toma nata.

Monita, toma mi mano.

Es un enanito.

pa	pe	pi	po	pu
Pa	Pe	Pi	Po	Pu

Este tiene un mapa.

Es mi papá.

Este es tu peine.

Un pato, un pino.

Pepita tiene una peineta.

Toma mi patinete.

Mi papá tiene una moto.

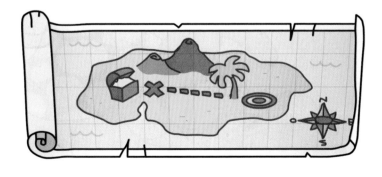

Es un mapa.

17

la	le	li	lo	lu
La	Le	Li	Lo	Lu

Esta es una pelota.

El papelito es mío.

La paloma está mala.

El helado es de papá.

Lolita ata la maleta.

Ana peinó a la nena.

Manolito tiene una lupa.

Es una pala.

18

			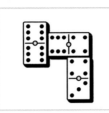	
da	de	di	do	du
Da	De	Di	Do	Du

Dame tu dado.

Le dio una moneda.

Todo esto es de papá.

Le duele un oído.

Dale la dalia a Lola.

A mediodía no tomé nada.

La paloma tiene nido.

Este dado es mío.

19

sa	se	si	so	su
Sa	Se	Si	So	Su

Es un osito aseado.

La sopa está sosa.

Sonia saluda a Elisa.

La pelota es de Susana.

Dale ese osito a Luisa.

Salió solo de paseo.

A mediodía tomó sopa.

Es una osita.

20

ra	re	ri	ro	ru
Ra	Re	Ri	Ro	Ru

Es el ruido de la moto.

Tiene un radio roto.

El suelo es de tierra.

La rata roía la ropa.

La rana se salió de la pila.

Nada, ranita, nada.

Mi perro es ese.

21

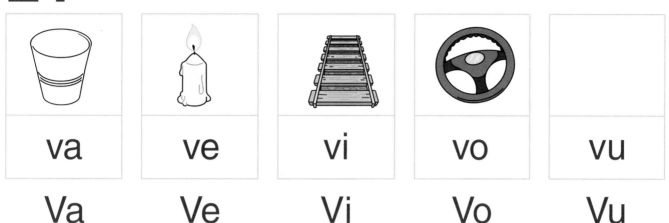

va	ve	vi	vo	vu
Va	Ve	Vi	Vo	Vu

Dame un vaso nuevo.

Violeta vive sola.

La avioneta vuela.

El suelo tiene nieve.

Dale esa vela.

Avelina tiene ropa nueva.

Eva va de visita.

Veo una avioneta.

22

ha	he	hi	ho	hu

Ha   He   Hi   Ho   Hu

El hielo se ha roto.

La rueda de hierro.

Es un helado de uva.

Esta rosa no huele.

A Pepito le da hipo.

Ha venido una visita:

Hola, Pili, pasa a la sala.

Sale humo.

23

¿Te dio Ana la moneda?

Sí, me la dio.

Veo una violeta.

Adelita no va de paseo.

Rosita se arrimó a la mesa.

Sale humo de la rueda.

Me duele una muela.

La avioneta no vuela.

¡Hola! Toma la pelota.

En la realización de este proyecto han intervenido:

Edición: Miguel Ángel Muñoz Sanjuán

Ilustraciones: Pablo Espada

Diseño de cubierta e interiores: Miguel Ángel Pacheco y Javier Serrano

Tratamiento infográfico del diseño: Javier Cuéllar y Patricia Gómez

Maquetación: Raquel Horcajo e Isabel del Oso

Corrección: Sergio Borbolla

ET017619/1E4I - 1000021